AF194767

Impressum
Verlag: BABADADA GmbH, Nedderfeld 112 , 22529 Hamburg
Geschäftsführer / Verlagsleitung: Harald Hof
Druck: Books on Demand GmbH, In de Tarpen 42, 22848 Norderstedt

Imprint
Publisher: BABADADA GmbH, Nedderfeld 112 , 22529 Hamburg, Germany
Managing Director / Publishing direction: Harald Hof
Print: Books on Demand GmbH, In de Tarpen 42, 22848 Norderstedt, Germany

# die Schule
# la escuela

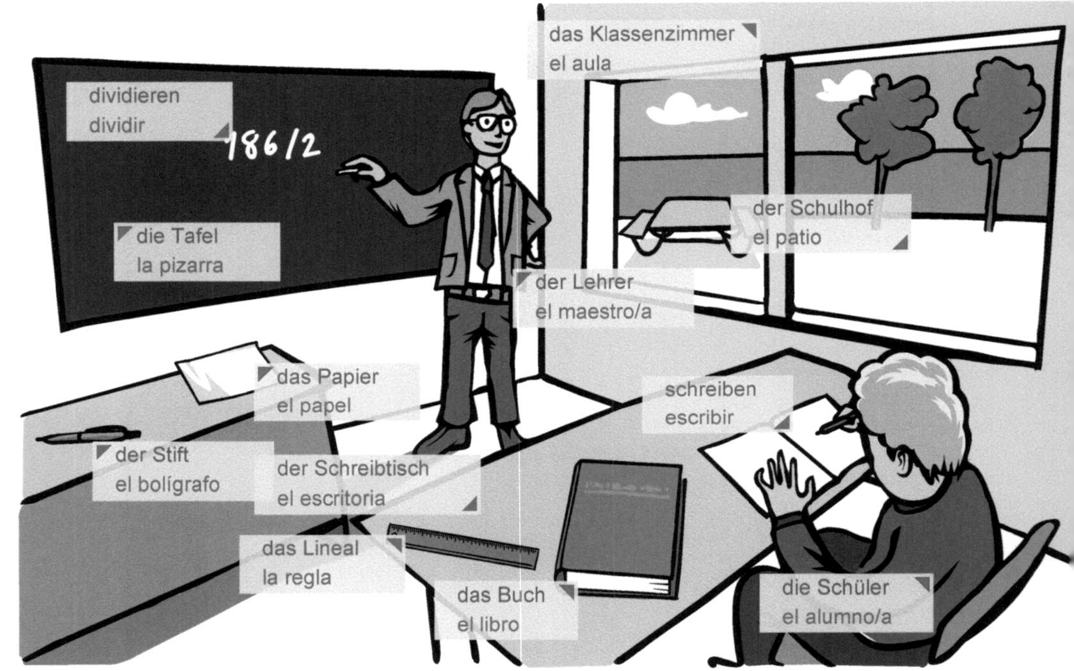
das Klassenzimmer
el aula
dividieren
dividir
186/2
die Tafel
la pizarra
der Schulhof
el patio
der Lehrer
el maestro/a
das Papier
el papel
schreiben
escribir
der Stift
el bolígrafo
der Schreibtisch
el escritoria
das Lineal
la regla
das Buch
el libro
die Schüler
el alumno/a

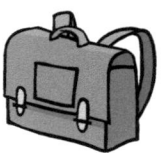

der Ranzen

la cartera

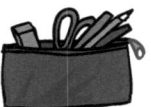

die Federmappe

la caja de lápices

der Bleistift

el lápiz

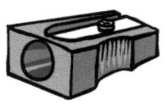

der Bleistiftanspitzer

el sacapuntas

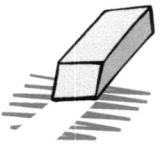

das Radiergummi

la goma de borrar

der Zeichenblock

el cuaderno de dibujo

die Zeichnung

el dibujo

der Pinsel

el pincel

der Malkasten

la caja de pinturas

die Schere

las tijeras

der Klebstoff

el pegamento

das Übungsheft

el cuaderno de ejercicios

die Hausaufgabe

los deberes

die Zahl

el número

addieren

sumar

subtrahieren

restar

multiplizieren

multiplicar

rechnen

calcular

der Buchstabe

la letra

das Alphabet

el alfabeto

das Wort

la palabra

der Text
el texto

lesen
leer

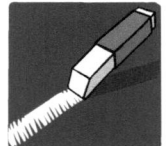

die Kreide
la tiza

die Stunde
la lección

das Klassenbuch
el cuaderno de notas

die Prüfung
el examen

das Zeugnis
el certificado

die Schuluniform
el uniforme

die Ausbildung
la educación

das Lexikon
la enciclopedia

die Universität
la universidad

das Mikroskop
el microscopio

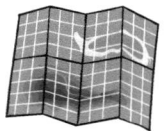

die Karte
el mapa

der Papierkorb
la papelera

# die Reise
# el viaje

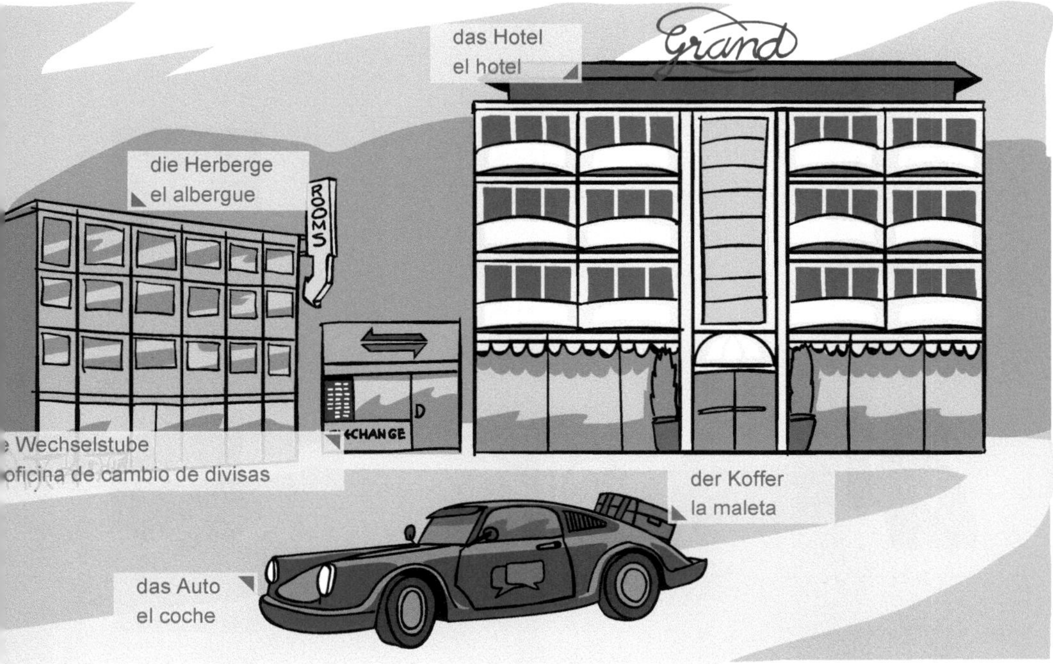

das Hotel
el hotel
Grand
die Herberge
el albergue
ROOMS
Wechselstube
oficina de cambio de divisas
der Koffer
la maleta
das Auto
el coche

die Sprache

el idioma

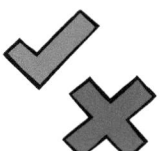

ja / nein

sí / no

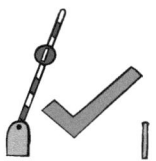

Okay

Vale

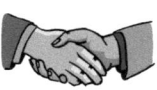

Hallo

hola

der Übersetzer

el traductor

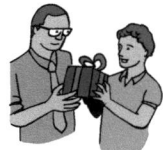

Danke

Gracias

Was kostet…?

¿cuánto es…?

Ich verstehe nicht

No entiendo

das Problem

el problema

Guten Abend!

¡Buenas tardes!

Guten Morgen!

¡Buenos días!

Gute Nacht!

¡Buenas noches!

Auf Wiedersehen

adiós

die Richtung

la dirección

das Gepäck

el equipaje

die Tasche

la bolsa

der Rucksack

la mochila

der Gast

el invitado

das Zimmer

la habitación

der Schlafsack

el saco de dormir

das Zelt

la tienda de campaña

die Touristeninformation

la información turística

der Strand

la playa

die Kreditkarte

la tarjeta de crédito

das Frühstück

el desayuno

das Mittagessen

el almuerzo

das Abendessen

la cena

die Fahrkarte

el billete

der Fahrstuhl

el ascensor

die Briefmarke

el sello

die Grenze

la frontera

der Zoll

la aduana

die Botschaft

la embajada

das Visum

la visa

der Pass

el pasaporte

# der Transport
# el transporte

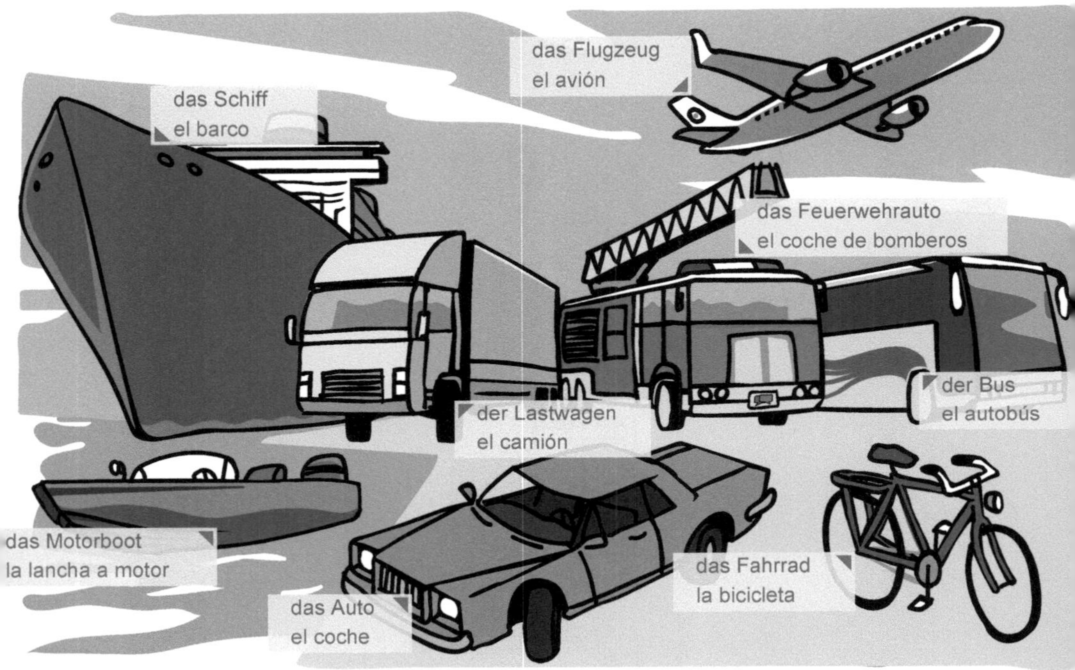

das Flugzeug
el avión
das Schiff
el barco
das Feuerwehrauto
el coche de bomberos
der Bus
el autobús
der Lastwagen
el camión
das Motorboot
la lancha a motor
das Fahrrad
la bicicleta
das Auto
el coche


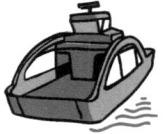

die Fähre
..................
el transbordador

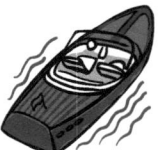

das Boot
..................
la barca

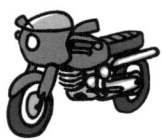

das Motorrad
..................
la moto

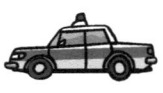

das Polizeiauto
..................
el coche de policía

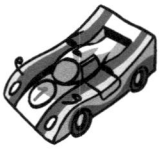

das Rennauto
..................
el coche de carreras

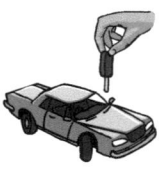

der Mietwagen
..................
el coche de alquiler

das Carsharing

el préstamo de vehículos

der Abschleppwagen

la grúa

das Müllauto

el camión de la basura

der Motor

el motor

der Kraftstoff

la gasolina

die Tankstelle

la gasolinera

das Verkehrsschild

la señal de tráfico

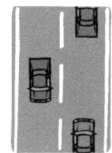

der Verkehr

el tráfico

der Stau

el atasco

der Parkplatz

el aparcamiento

der Bahnhof

la estación de tren

die Schienen

las vías

der Zug

el tren

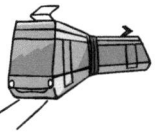

die Straßenbahn

el tranvía

der Wagon

el vagón

der Helikopter

el helicóptero

der Flughafen

el aeropuerto

der Tower

la torre

der Passagier

el pasajero

der Container

el contenedor

der Karton

la caja de cartón

der Karren

la carretilla

der Korb

la cesta

starten / landen

despegar / aterrizar

## die Stadt
## la ciudad

das Dorf

el pueblo

das Stadtzentrum

el centro de la ciudad

das Haus

la casa

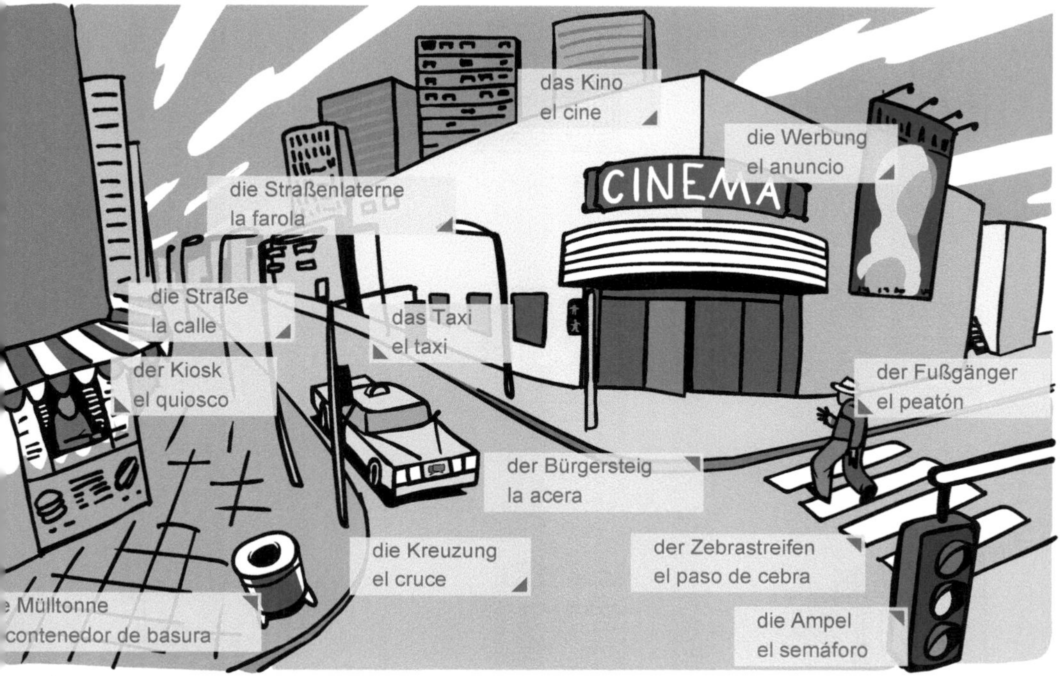
das Kino
el cine
die Werbung
el anuncio
CINEMA
die Straßenlaterne
la farola
die Straße
la calle
das Taxi
el taxi
der Kiosk
el quiosco
der Fußgänger
el peatón
der Bürgersteig
la acera
die Kreuzung
el cruce
der Zebrastreifen
el paso de cebra
Mülltonne
contenedor de basura
die Ampel
el semáforo

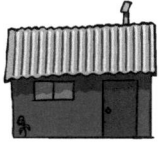

die Hütte

la cabaña

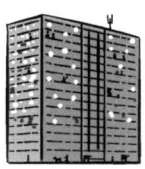

die Wohnung

el apartamento

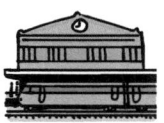

der Bahnhof

la estación de tren

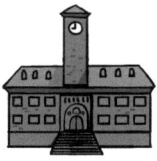

das Rathaus

el ayuntamiento

MUSEUM

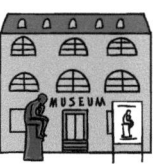

das Museum

el museo

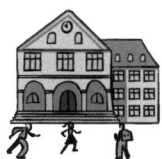

die Schule

la escuela

die Universität
la universidad

die Bank
el banco

das Krankenhaus
el hospital

das Hotel
el hotel

die Apotheke
la farmacia

das Büro
la oficina

die Buchhandlung
la librería

das Geschäft
la tienda de campaña

der Blumenladen
la floristería

der Supermarkt
el supermercado

der Markt
el mercado

das Kaufhaus
los grandes almacenes

der Fischhändler
la pescadería

das Einkaufszentrum
el centro comercial

der Hafen
el puerto

der Park
el parque

die Bank
el banco

die Brücke
el puente

die Treppe
las escaleras

die U-Bahn
el metro

der Tunnel
el túnel

die Bushaltestelle
la parada de autobús

die Bar
el bar

das Restaurant
el restaurante

der Briefkasten
el buzón

das Straßenschild
el poste indicador

die Parkuhr
el parquímetro

der Zoo
el zoo

die Badeanstalt
la piscina

die Moschee
la mezquita

der Bauernhof

la granja

die Umweltverschmutzung

la contaminación

der Friedhof

el cementerio

die Kirche

la iglesia

der Spielplatz

el patio de juego

der Tempel

el templo

## die Landschaft

## el paisaje

das Blatt
la hoja

der Wegweiser
la señal

der Weg
el camino

die Wiese
el prado

der Stein
la piedra

der Baum
el árbol

der Wanderer
el excursionista

der Fluss
el río

das Gras
la hierba

die Blume
la flor

das Tal
el valle

der Berg
la colina

der See
el lago

der Wald
el bosque

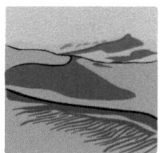

die Wüste
el desierto

der Vulkan
el volcán

das Schloss
el castillo

der Regenbogen
el arcoíris

der Pilz
el champiñón

die Palme
la palmera

der Moskito
el mosquito

die Fliege
la mosca

die Ameise
la hormiga

die Biene
la abeja

die Spinne
la araña

der Käfer

el escarabajo

der Frosch

la rana

das Eichhörnchen

la ardilla

der Igel

el erizo

der Hase

la liebre

die Eule

la lechuza

die Vogel

el pájaro

der Schwan

el cisne

das Wildschwein

el jabalí

der Hirsch

el ciervo

der Elch

el alce

der Staudamm

la presa

das Windrad

la turbina eólica

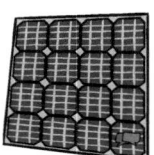

das Solarmodul

el panel solar

das Klima

el clima

# das Restaurant
# el restaurante

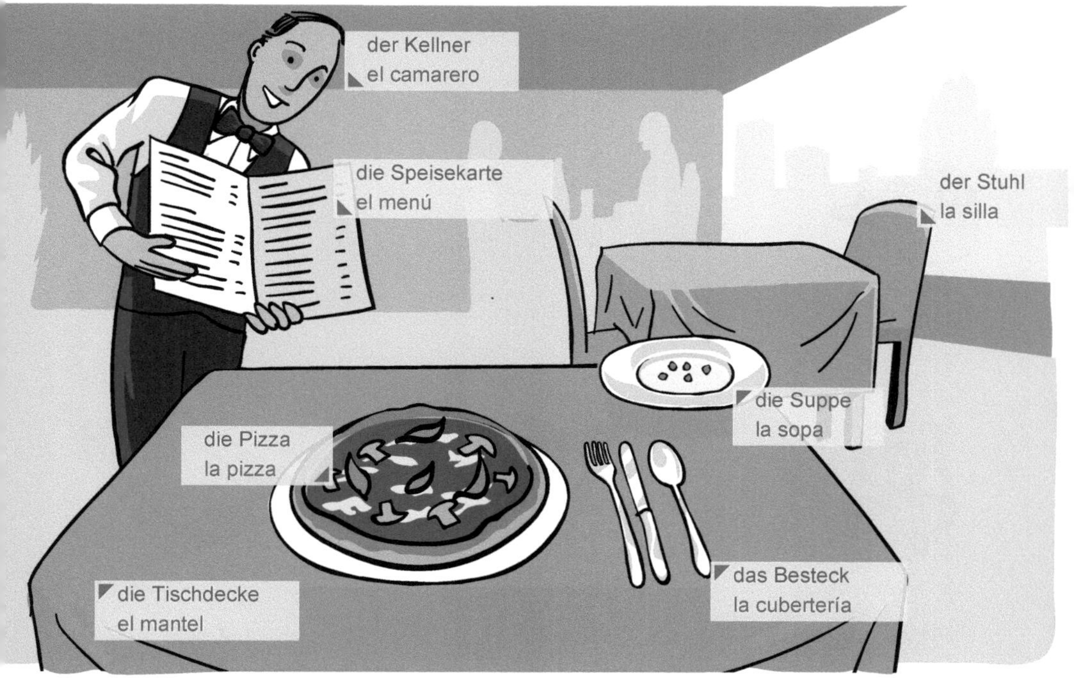
der Kellner
el camarero
die Speisekarte
el menú
der Stuhl
la silla
die Suppe
la sopa
die Pizza
la pizza
das Besteck
la cubertería
die Tischdecke
el mantel

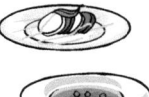

die Vorspeise
el primer plato

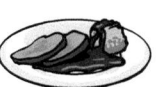

das Hauptgericht
el plato principal

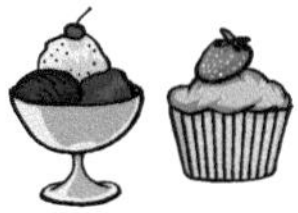

die Nachspeise
el postre

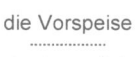

die Getränke
las bebidas

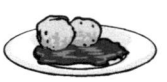

das Essen
la comida

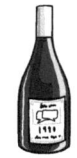

die Flasche
la botella

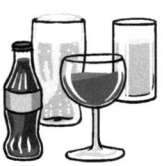

das Fastfood

la comida rápida

das Streetfood

la comida callejera

die Teekanne

la tetera

die Zuckerdose

el azucarero

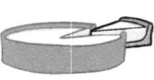

die Portion

la porción

die Espressomaschine

la cafetera expreso

der Hochstuhl

la trona

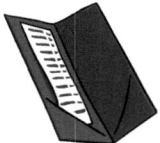

die Rechnung

la cuenta

das Tablett

la bandeja

das Messer

el cuchillo

die Gabel

el tenedor

der Löffel

la cuchara

der Teelöffel

la cucharilla

die Serviette

la servilleta

das Glas

el vaso

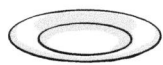

der Teller
el plato

der Suppenteller
el plato hondo

die Untertasse
el platillo

die Sauce
la salsa

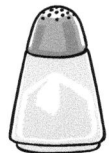

der Salzstreuer
el salero

die Pfeffermühle
el molinillo de pimienta

der Essig
el vinagre

das Öl
el aceite

die Gewürze
las especias

das Ketchup
el ketchup

der Senf
la mostaza

die Mayonnaise
la mayonesa

# der Supermarkt
# el supermercado

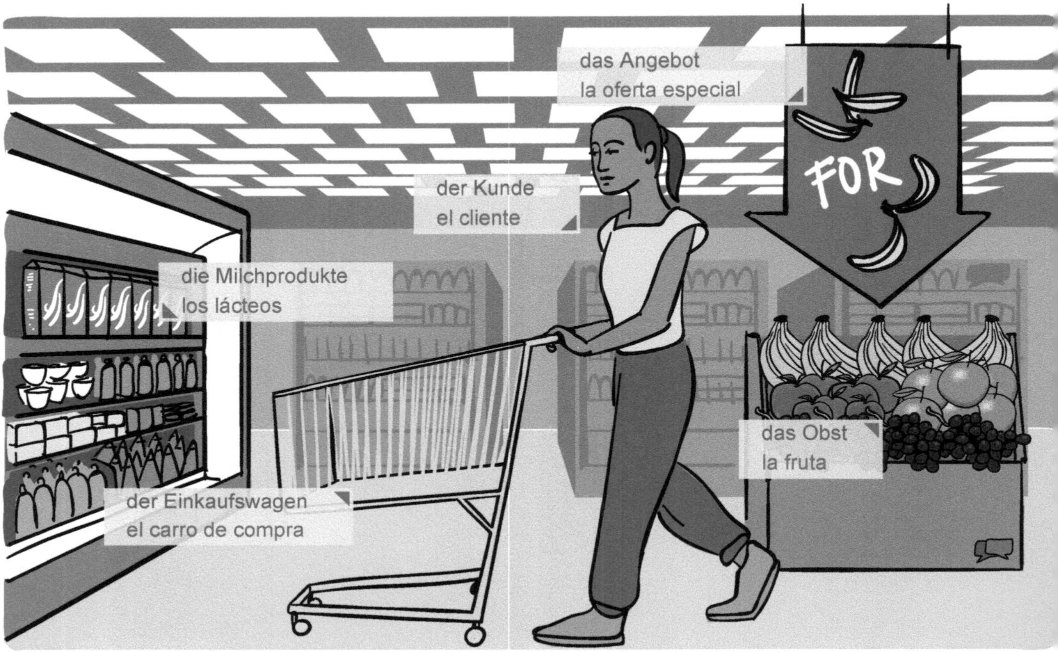

das Angebot
la oferta especial
FOR
der Kunde
el cliente
die Milchprodukte
los lácteos
das Obst
la fruta
der Einkaufswagen
el carro de compra


BUTCHERS


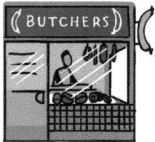

die Schlachterei

la carniceria

BAKERY


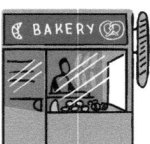

die Bäckerei

la panadería

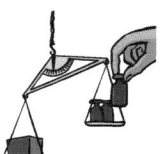

wiegen

pesar

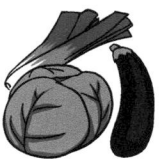

das Gemüse

las verduras

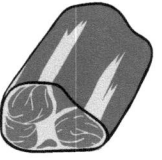

das Fleisch

la carne

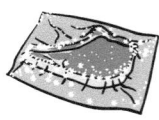

die Tiefkühlkost

los alimentos congelados

der Aufschnitt

los fiambres

die Konserven

las conservas

das Waschmittel

el detergente en polvo

die Süßigkeiten

los dulces

die Haushaltsartikel

productos de uso doméstico

das Reinigungsmittel

productos de limpieza

die Verkäuferin

la vendedora

die Kasse

la caja de cartón

der Kassierer

el cajero

die Einkaufsliste

la lista de la compra

die Öffnungszeiten

el horario de atención al
público

die Brieftasche

la cartera

die Kreditkarte

la tarjeta de crédito

die Tasche

la bolsa de plástico

die Plastiktüte

la bolsa de plástico

# die Getränke
## las bebidas

das Wasser
el agua

der Saft
el zumo

die Milch
la leche

die Cola
la cola

der Wein
el vino

das Bier
la cerveza

der Alkohol
el alcohol

der Kakao
el cacao

der Tee
el té

der Kaffee
el café

der Espresso
el expreso

der Cappuccino
el capuchino

die Banane

el plátano

der Apfel

la manzana

die Orange

la naranja

die Melone

el melón

die Zitrone

el limón

die Karotte

la zanahoria

der Knoblauch

el ajo

der Bambus

el bambú

die Zwiebel

la cebolla

der Pilz

el champiñón

die Nüsse

las avellanas

die Nudeln

los fideos

die Spaghetti

las espagueti

der Reis

el arroz

der Salat

la ensalada

die Pommes frites

las patatas fritas

die Bratkartoffeln

las patatas fritas

die Pizza

la pizza

der Hamburger

la hamburguesa

das Sandwich

el sándwich

das Schnitzel

el filete

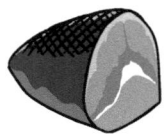

der Schinken

el jamón

die Salami

le salami

die Wurst

la salchicha

das Huhn

el pollo

der Braten

el asado

der Fisch

el pescado

die Haferflocken

los copos de avena

das Müsli

el muesli

die Cornflakes

los copos de maíz

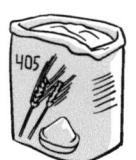

das Mehl

la harina

das Croissant

el cruasán

das Brötchen

el panecillo

das Brot

el pan

der Toast

la tostada

die Kekse

las galletas

die Butter

la mantequilla

der Quark

la cuajada

der Kuchen

el pastel

das Ei

el huevo

das Spiegelei

el huevo frito

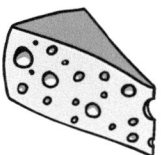

der Käse

el queso

die Eiscreme

el helado

der Zucker

el azúcar

der Honig

la miel

die Marmelade

la mermelada

die Nougat-Creme

la crema de turrón

das Curry

el curry

# der Bauernhof
## la granja

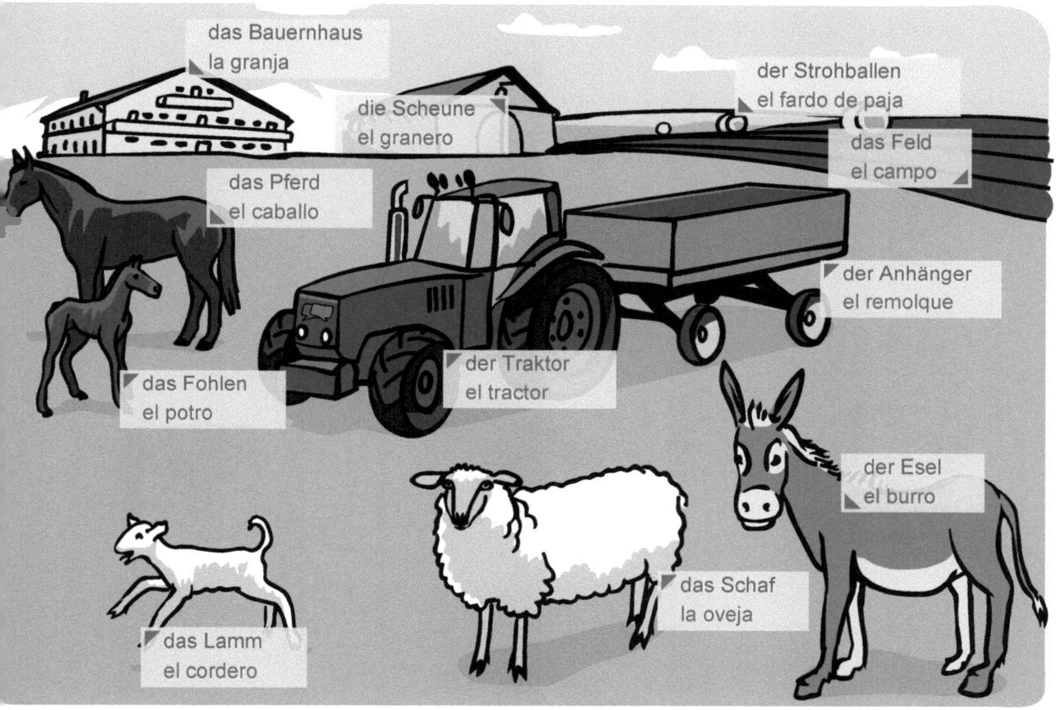
das Bauernhaus
la granja
die Scheune
el granero
der Strohballen
el fardo de paja
das Feld
el campo
das Pferd
el caballo
der Anhänger
el remolque
der Traktor
el tractor
das Fohlen
el potro
der Esel
el burro
das Schaf
la oveja
das Lamm
el cordero

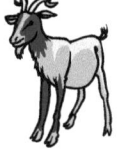

die Ziege
la cabra

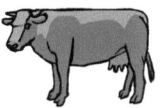

die Kuh
la vaca

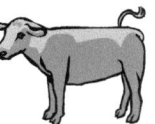

das Kalb
el ternero

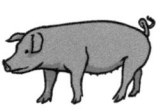

das Schwein
el cerdo

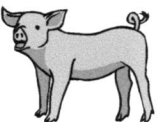

das Ferkel
el cerdito

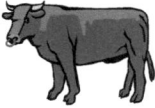

der Bulle
el toro

die Gans
el ganso

die Ente
el pato

das Küken
el pollo

das Huhn
la gallina

der Hahn
el gallo

die Ratte
la rata

die Katze
el gato

die Maus
el ratón

der Ochse
el buey

der Hund
el perro

die Hundehütte
la perrera

der Gartenschlauch
la manguera

die Gießkanne
la regadera

die Sense
la guadaña

der Pflug
el arado

die Sichel

la hoz

die Hacke

la azada

die Mistgabel

la horca

die Axt

el hacha

die Schubkarre

la carretilla

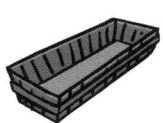

der Trog

el abrevadero

die Milchkanne

la lechera

der Sack

el saco

der Zaun

la valla

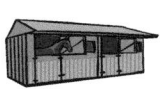

der Stall

el establo

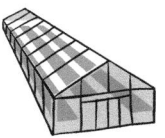

das Treibhaus

el invernadero

der Boden

el suelo

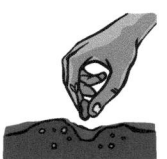

die Saat

la semilla

der Dünger

el fertilizador

der Mähdrescher

la cosechadora

ernten
cosechar

die Ernte
la cosecha

die Yamswurzel
el ñame

der Weizen
el trigo

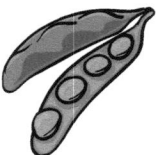

das Soja
el soja

die Kartoffel
la patata

der Mais
el maíz

der Raps
la semilla de colza

der Obstbaum
el árbol frutal

der Maniok
la mandioca

das Getreide
las cereales

# das Haus

# la casa

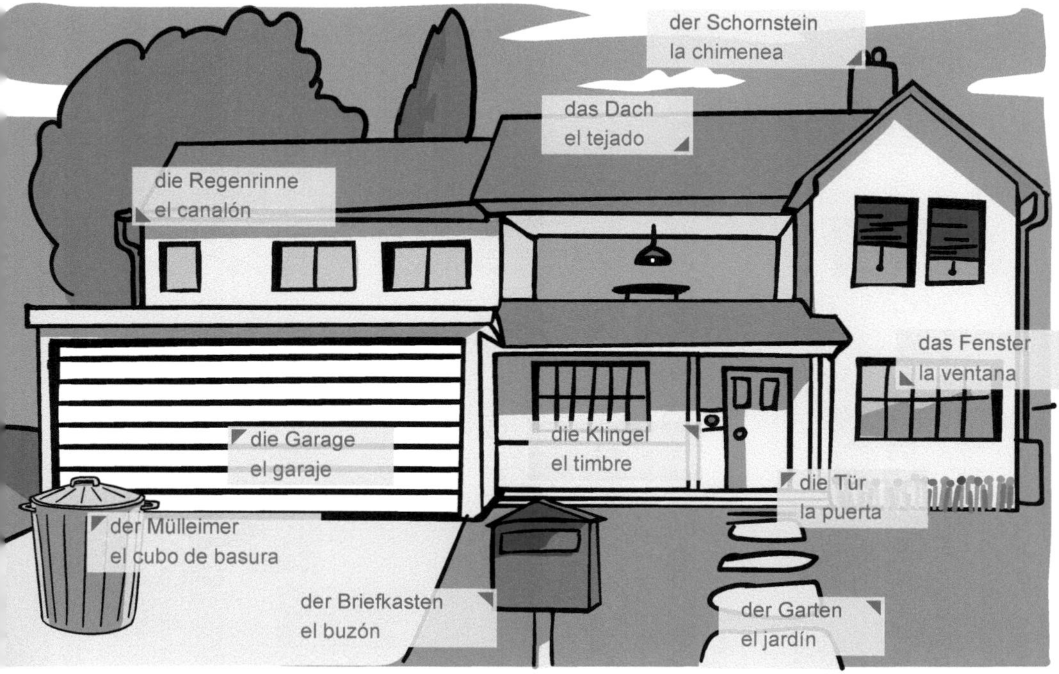
der Schornstein
la chimenea
das Dach
el tejado
die Regenrinne
el canalón
das Fenster
la ventana
die Garage
el garaje
die Klingel
el timbre
die Tür
la puerta
der Mülleimer
el cubo de basura
der Briefkasten
el buzón
der Garten
el jardín

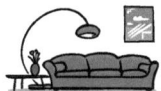

das Wohnzimmer

la sala

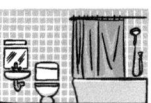

das Badezimmer

el cuarto de baño

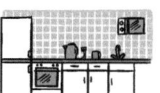

die Küche

la cocina

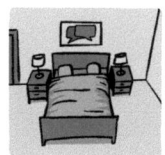

das Schlafzimmer

el dormitorio

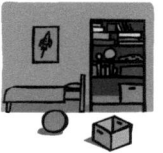

das Kinderzimmer

la habitación de los niños

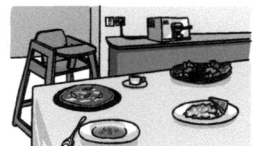

das Esszimmer

el comedor

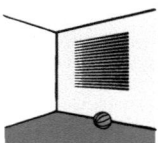

der Boden

el suelo

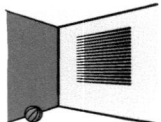

die Wand

la pared

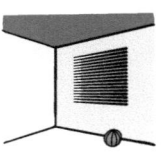

die Decke

el techo

der Keller

el sótano

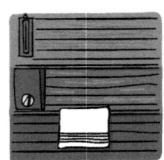

die Sauna

la sauna

der Balkon

el balcón

die Terrasse

la terraza

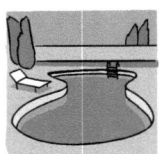

das Schwimmbad

la piscina

der Rasenmäher

el cortacésped

der Bettbezug

la sábana

die Bettdecke

la colcha

das Bett

la cama

der Besen

la escoba

der Eimer

el balde

der Schalter

el interruptor

# das Wohnzimmer

## la sala

die Tapete
el papel pintado
das Bild
la imagen
die Lampe
la lámpara
das Regal
el estante
der Schrank
el armario
der Fernseher
la televisión
der Kamin
la chimenea
die Blume
la flor
das Kissen
el cojín
das Sofa
el sofá
die Vase
el jarrón
die Fernbedienung
el mando a distancia

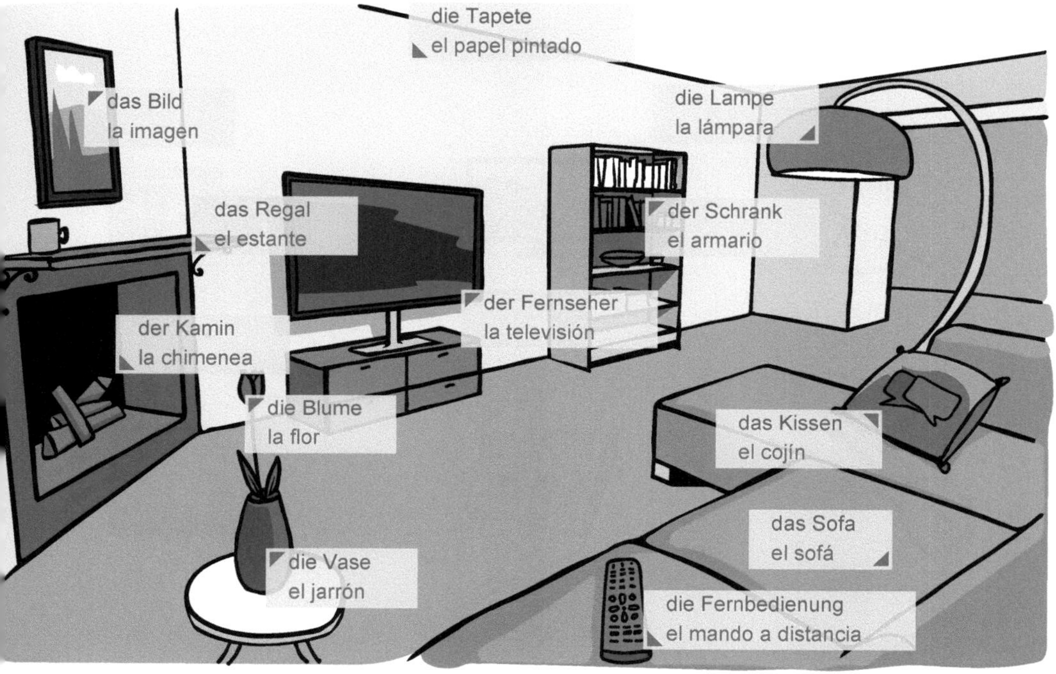

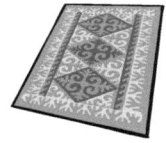

der Teppich

la alfombra

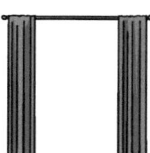

der Vorhang

la cortina

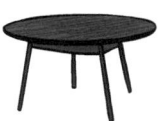

der Tisch

la mesa

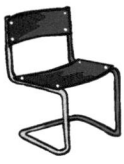

der Stuhl

la silla

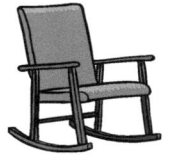

der Schaukelstuhl

el mecedora

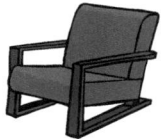

der Sessel

la butaca

das Buch

el libro

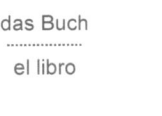

die Decke

la manta

die Dekoration

la decoración

das Feuerholz

la leña

der Film

la película

die Stereoanlage

el equipo de música

der Schlüssel

la llave

die Zeitung

el periódico

das Gemälde

la pintura

das Poster

el póster

das Radio

la radio

der Notizblock

el cuaderno

der Staubsauger

la aspiradora

der Kaktus

el cactus

die Kerze

la vela

# die Küche
# la cocina

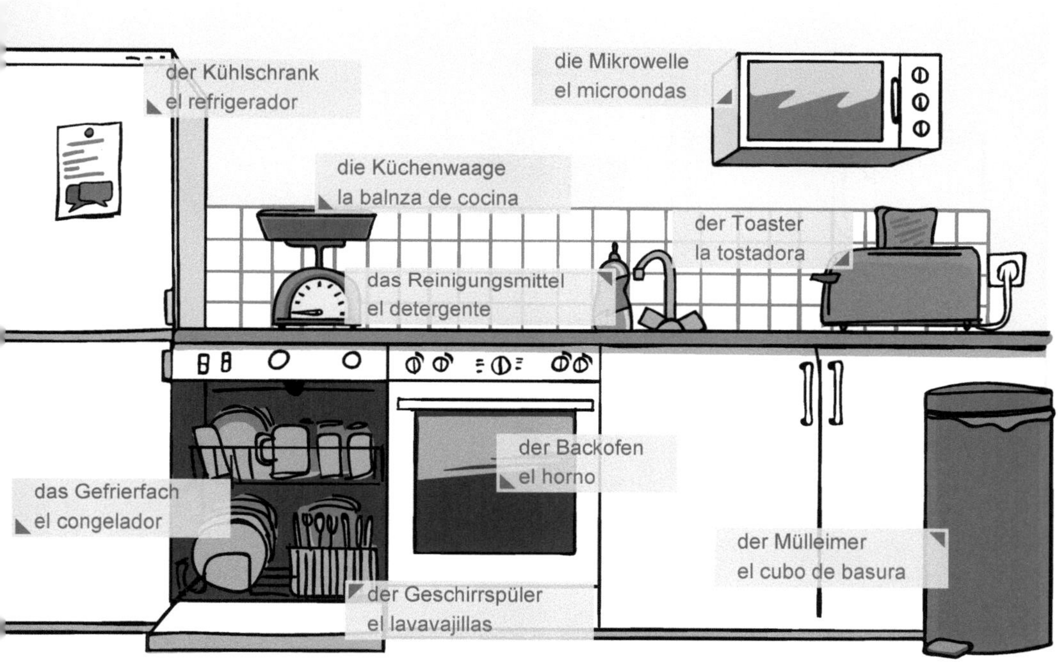
der Kühlschrank
el refrigerador
die Mikrowelle
el microondas
die Küchenwaage
la balnza de cocina
der Toaster
la tostadora
das Reinigungsmittel
el detergente
der Backofen
el horno
das Gefrierfach
el congelador
der Mülleimer
el cubo de basura
der Geschirrspüler
el lavavajillas

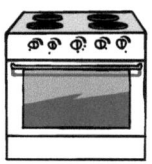

der Herd

la olla a presión

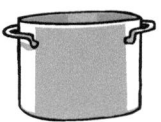

der Topf

la olla

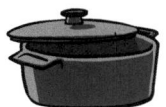

der Eisentopf

la olla de hierro fundido

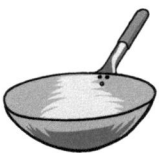

der Wok / Kadai

el wok

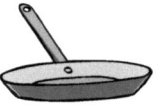

die Pfanne

la cazuela

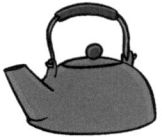

der Wasserkocher

el hervidor

der Dampfgarer

la vaporera

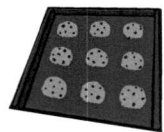

das Backblech

la chapa de horno

das Geschirr

la vajilla

der Becher

la taza

die Schale

el tazón

die Essstäbchen

los palillos

die Suppenkelle

el cucharón

der Pfannenwender

la espumadera

der Schneebesen

el batidor

das Kochsieb

el colador

das Sieb

el cedazo

die Reibe

el rallador

der Mörser

el mortero

der Grill

la barbacoa

die Feuerstelle

la hoguera

das Schneidebrett

la tabla de picar

das Nudelholz

el rodillo

der Korkenzieher

el sacacorchos

die Dose

la lata

der Dosenöffner

el abrelatas

der Topflappen

el agarrador

das Waschbecken

el lavabo

die Bürste

el cepillo

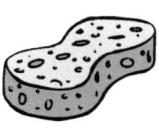

der Schwamm

la esponja

der Mixer

la batidora

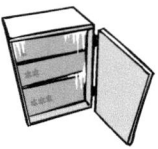

die Gefriertruhe

el congelador

die Babyflasche

el biberón

der Wasserhahn

el grifo

# das Badezimmer
## el cuarto de baño

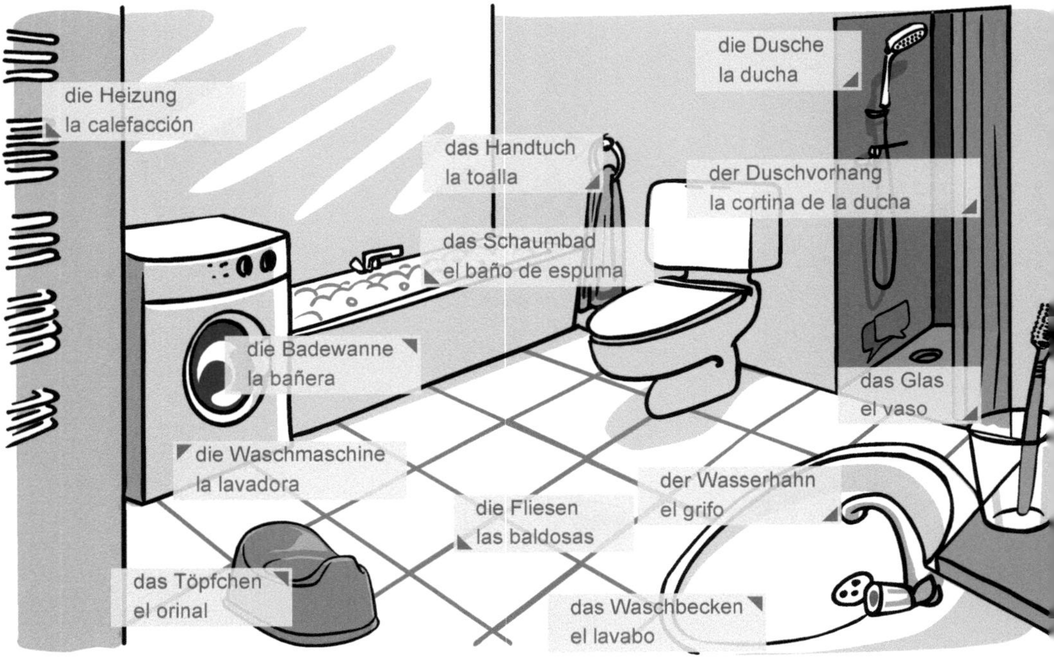

die Dusche
la ducha

die Heizung
la calefacción

das Handtuch
la toalla

der Duschvorhang
la cortina de la ducha

das Schaumbad
el baño de espuma

die Badewanne
la bañera

das Glas
el vaso

die Waschmaschine
la lavadora

der Wasserhahn
el grifo

die Fliesen
las baldosas

das Töpfchen
el orinal

das Waschbecken
el lavabo

die Toilette

el inodoro

die Hocktoilette

el inodoro rústico

das Bidet

el bidé

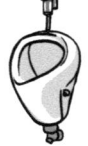

das Pissoir

el urinario

das Toilettenpapier

el papel higiénico

die Toilettenbürste

la escobilla del váter

die Zahnbürste

el cepillo de dientes

die Zahnpasta

la pasta de dientes

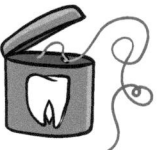

die Zahnseide

el hilo dental

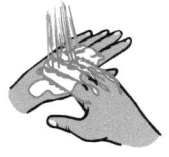

waschen

lavar

die Handbrause

la ducha de mano

die Intimdusche

la ducha íntima

die Waschschüssel

la pila

die Rückenbürste

el cepillo de espalda

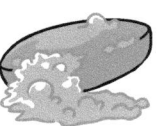

die Seife

el jabón

das Duschgel

el gel de ducha

das Shampoo

el champú

der Waschlappen

la toallita

der Abfluss

el desagüe

die Creme

la crema

das Deodorant

el desodorante

der Spiegel

el espejo

der Kosmetikspiegel

el espejo de tocador

der Rasierer

la maquinilla de afeitar

der Rasierschaum

la espuma de afeitar

das Rasierwasser

la loción postafeitado

der Kamm

el peine

die Bürste

el cepillo

der Föhn

el secador

das Haarspray

la laca

das Makeup

el maquillaje

der Lippenstift

el pintalabios

der Nagellack

el pintauñas

die Watte

el algodón

die Nagelschere

el cortauñas

das Parfum

el perfume

der Kulturbeutel

el estuche de viaje

der Hocker

la banqueta

die Waage

la balanza

der Bademantel

el albornoz

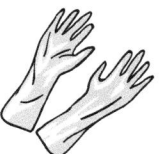

die Gummihandschuhe

los guantes de goma

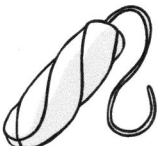

das Tampon

el tampón

die Damenbinde

la compresa

die Chemietoilette

el inodoro químico

# das Kinderzimmer
# la habitación de los niños

der Wecker
el despertador
das Kuscheltier
el peluche
das Spielzeugauto
el coche de juguete
die Rassel
el sonajero
das Puppenhaus
la casa de muñecas
das Geschenk
el regalo

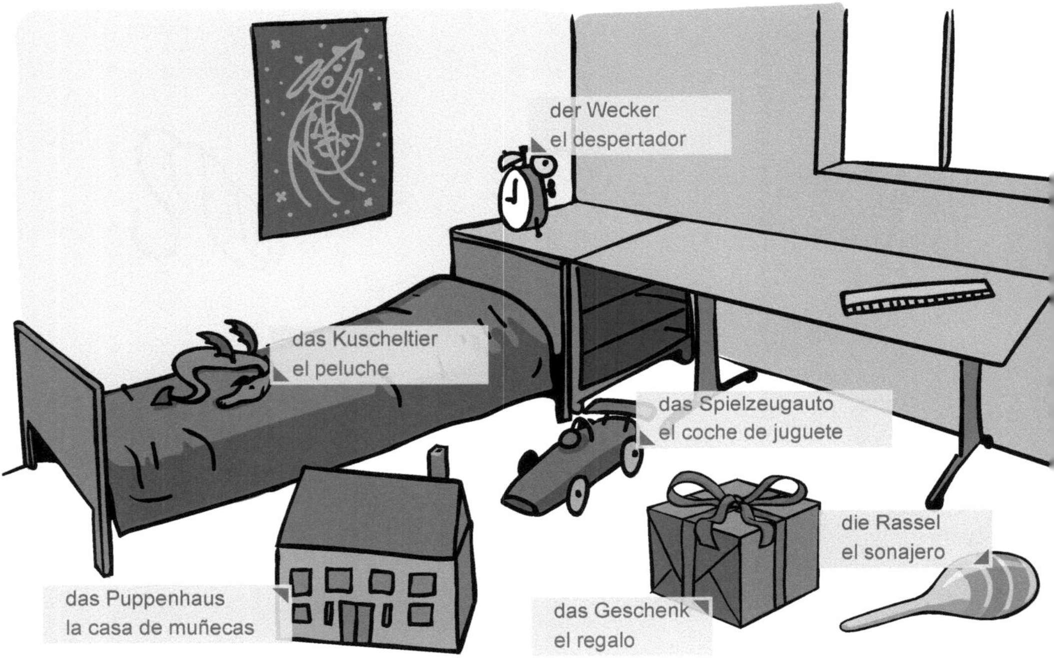

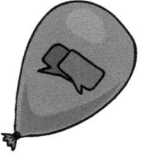

der Ballon
el globo

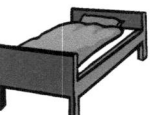

das Bett
la cama

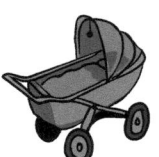

der Kinderwagen
el coche de niño

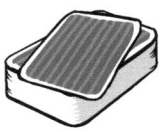

das Kartenspiel
los naipes

das Puzzle
el puzle

SUPER MEGA

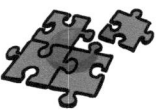

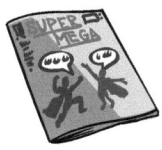

der Comic
el tebeo

die Legosteine

las piezas de lego

die Bausteine

los bloques de juguete

die Action Figur

la figura de acción

der Strampelanzug

el bodi (de bebé)

das Frisbee

el frisbee

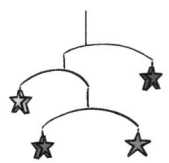

das Mobile

el colgador móvil para
bebés

das Brettspiel

el juego de mesa

der Würfel

los dados

die Modelleisenbahn

el circuito de tren eléctrico

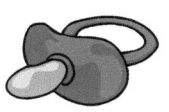

der Schnuller

el maniquí

die Party

la fiesta

das Bilderbuch

el álbum de fotos

der Ball

la pelota

die Puppe

la muñeca

spielen

jugar

das Kinderzimmer - la habitación de los niños

der Sandkasten

el cajón de arena

die Schaukel

el columpio

das Spielzeug

los juguetes

die Spielkonsole

la videoconsola

das Dreirad

el triciclo

der Teddy

el oso de peluche

der Kleiderschrank

la guardarropa

## die Kleidung
## la ropa

die Socken

los calcetines

die Strümpfe

las medias

die Strumpfhose

los leotardos

der Schal
la bufanda

der Regenschirm
el paraguas

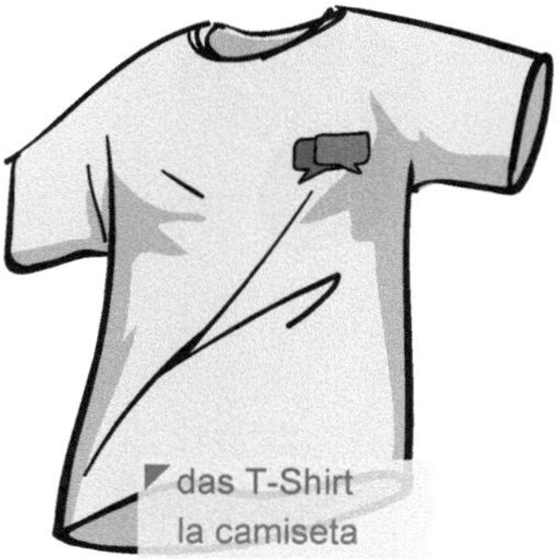

das T-Shirt
la camiseta

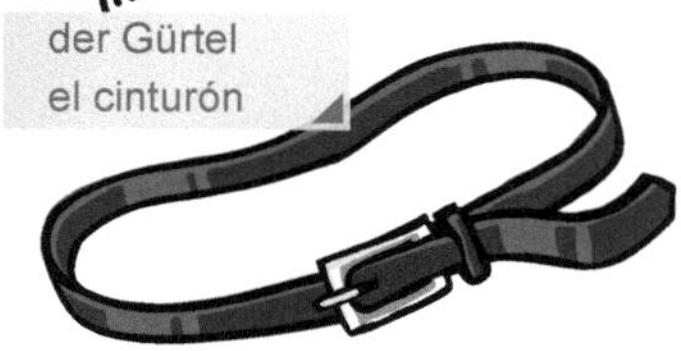

der Gürtel
el cinturón

der Stiefel
las botas

die Hausschuhe
las zapatillas

die Turnschuhe
las deportivas

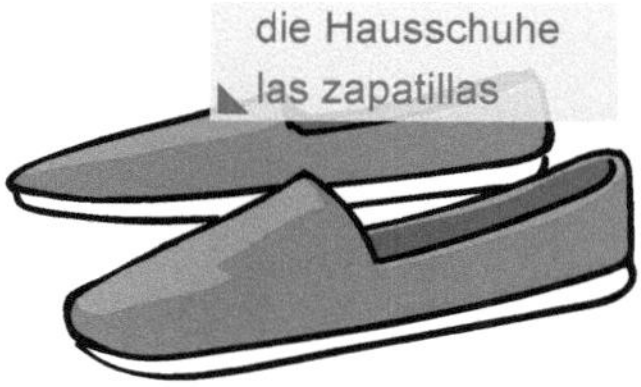

die Sandalen
..............
las sandalias

die Schuhe
..............
los zapatos

die Gummistiefel
..............
las botas de goma

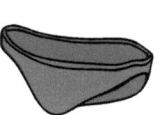

die Unterhose
..............
el slip

der Büstenhalter
..............
el sostén

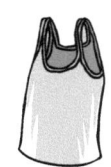

das Unterhemd
..............
el chaleco

der Body
el bodi

die Hose
los pantalones cortos

die Jeans
los vaqueros

der Rock
la falda

die Bluse
la blusa

das Hemd
la camisa

der Pullover
el jersey

der Kapuzenpullover
el suéter

der Blazer
el blazer

die Jacke
la chaqueta

der Mantel
el abrigo

der Regenmantel
la gabardina

das Kostüm
el traje

das Kleid
el vestido

das Hochzeitskleid
el vestido de novia

**der Anzug**
el traje

**das Nachthemd**
el camisón

**der Schlafanzug**
el pijama

**der Sari**
el sati

**das Kopftuch**
el bandana

**der Turban**
el turbante

**die Burka**
la burka

**der Kaftan**
el caftán

**die Abaya**
la abaya

**der Badeanzug**
el traje de baño

**die Badehose**
el bañador

**die kurze Hose**
los pantalones cortos

**der Trainingsanzug**
el chándal

**die Schürze**
el delantal

**die Handschuhe**
los guantes

der Knopf
el botón

die Brille
las gafas

das Armband
el brazalete

die Halskette
el collar

der Ring
el anillo

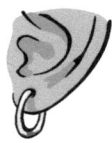

der Ohrring
el pendiente

die Mütze
la gorra

der Kleiderbügel
la percha

der Hut
el sombrero

die Krawatte
la corbata

der Reißverschluss
la cremallera

der Helm
el casco

der Hosenträger
los tirantes

die Schuluniform
el uniforme

die Uniform
el uniforme

das Lätzchen
el babero

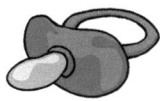

der Schnuller
el maniquí

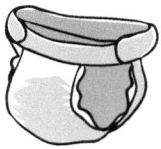

die Windel
el pañal

## das Büro
## la oficina

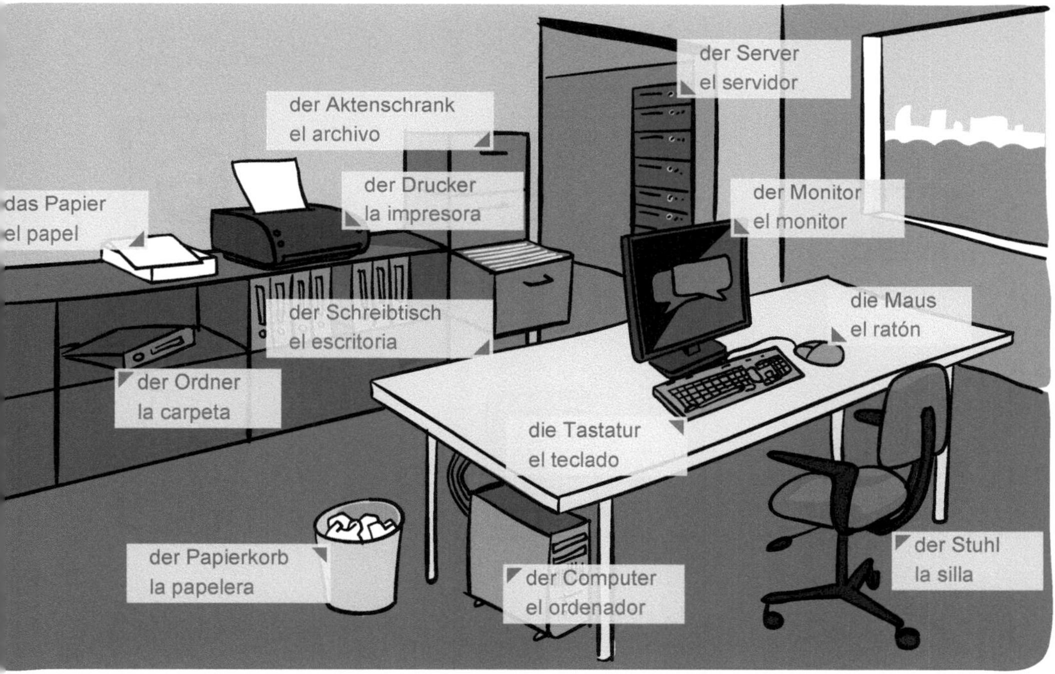

der Server
el servidor

der Aktenschrank
el archivo

der Drucker
la impresora

das Papier
el papel

der Monitor
el monitor

der Schreibtisch
el escritoria

die Maus
el ratón

der Ordner
la carpeta

die Tastatur
el teclado

der Papierkorb
la papelera

der Computer
el ordenador

der Stuhl
la silla

der Kaffeebecher
la taza de café

der Taschenrechner
la calculadora

das Internet
el internet

der Laptop
el portátil

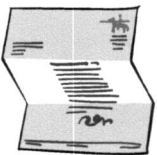

der Brief
la carta

die Nachricht
el mensaje

das Handy
el móvil

das Netzwerk
la red

der Kopierer
la fotocopiadora

die Software
el software

das Telefon
el teléfono

die Steckdose
la toma de corriente

das Fax
el fax

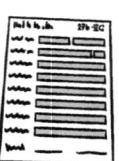

das Formular
el formulario

das Dokument
el documento

das Büro  -  la oficina

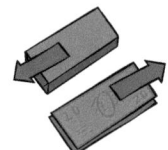

kaufen

comprar

bezahlen

pagar

handeln

comerciar

das Geld

el dinero

der Dollar

el dólar

der Euro

el euro

der Yen

el yen

der Rubel

el rublo

der Franken

el franco suizo

der Renminbi Yuan

el renminbi yuan

die Rupie

la rupia

der Geldautomat

el cajero automático

die Wechselstube

la oficina de cambio de divisas

das Gold

el oro

das Silber

la plata

das Öl

el petróleo

die Energie

la energía

der Preis

el precio

der Vertrag

el contrato

die Steuer

el impuesto

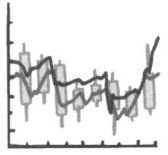

die Aktie

la acción

arbeiten

trabajar

der Angestellte

el empleador

der Arbeitgeber

el empleador

die Fabrik

la fábrica

das Geschäft

la tienda de campaña

# die Berufe
# los oficios

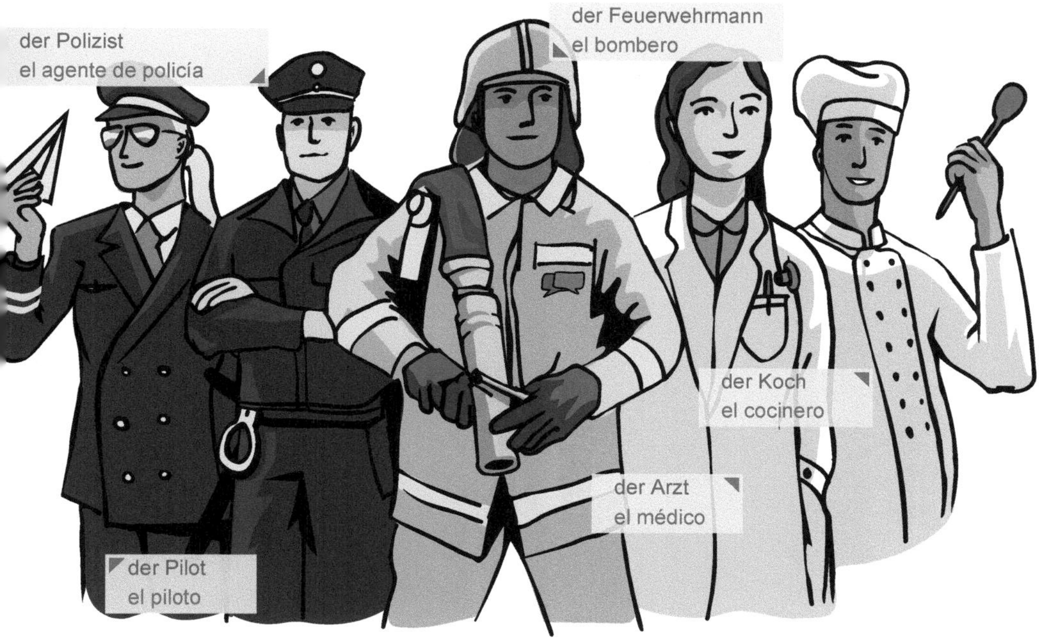
der Polizist
el agente de policía
der Feuerwehrmann
el bombero
der Koch
el cocinero
der Arzt
el médico
der Pilot
el piloto

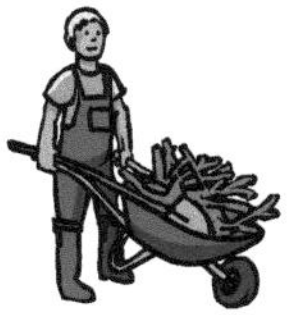

der Gärtner
el jardinero

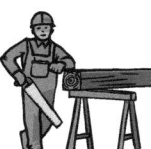

der Tischler
el carpintero

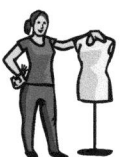

die Näherin
la costurera

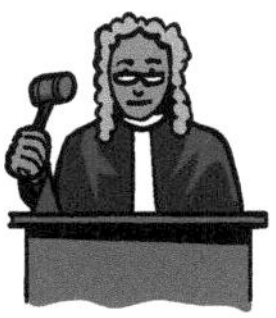

der Richter
el juez

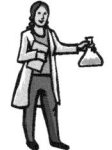

der Chemiker
el farmacéutico

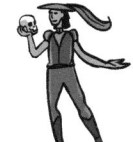

der Schauspieler
el actor

**der Busfahrer**

el conductor de autobús

**der Taxifahrer**

el taxista

**der Fischer**

el pescador

**die Putzfrau**

la señora de la limpieza

**der Dachdecker**

el techador

**der Kellner**

el camarero

**der Jäger**

el cazador

**der Maler**

el pintor

**der Bäcker**

el panadero

**der Elektriker**

el electricista

**der Bauarbeiter**

el obrero

**der Ingenieur**

el ingeniero

**der Schlachter**

el carnicero

**der Klempner**

el fontanero

**der Postbote**

el cartero

der Soldat

el soldado

der Architekt

el arquitecto

der Kassierer

el cajero

der Florist

el florista

der Friseur

el peluquero

der Schaffner

el revisor

der Mechaniker

el mecánico

der Kapitän

el capitán

der Zahnarzt

el dentista

der Wissenschaftler

el científico

der Rabbi

el rabino

der Imam

el imán

der Mönch

el monje

der Geistliche

el sacerdote

# die Werkzeuge
## las herramientas

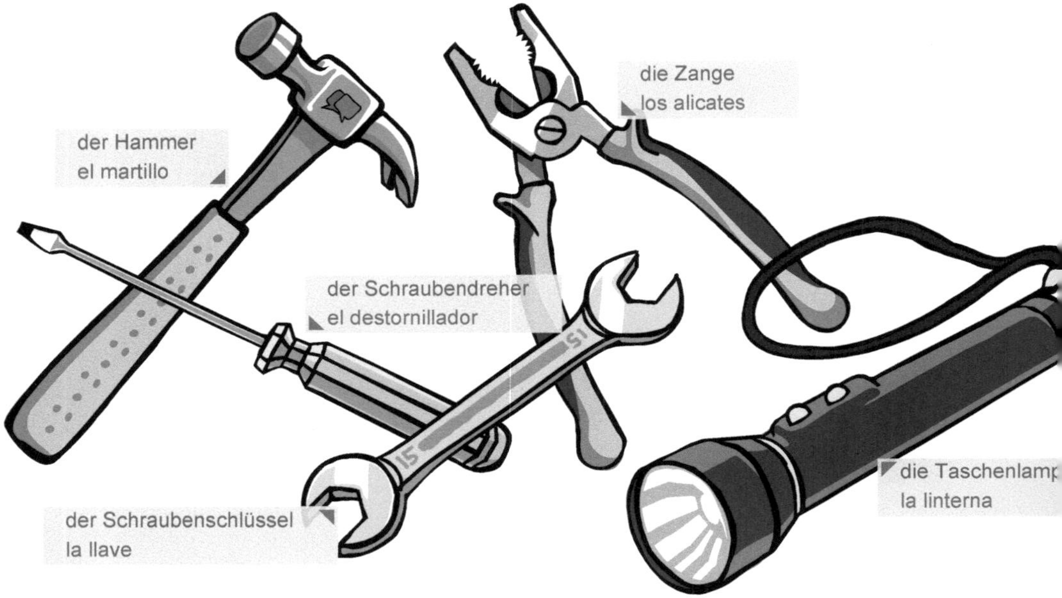

der Hammer
el martillo

die Zange
los alicates

der Schraubendreher
el destornillador

der Schraubenschlüssel
la llave

die Taschenlampe
la linterna

der Bagger
la excavadora

der Werkzeugkasten
la caja de herramientas

die Leiter
la escalera de mano

die Säge
la sierra

die Nägel
los clavos

der Bohrer
el taladro

reparieren

reparar

die Schaufel

la pala

Mist!

¡Maldita sea!

das Kehrblech

el recogedor

der Farbtopf

el bote de pintura

die Schrauben

los tornillos

## die Musikinstrumente
## los instrumentos musicales

der Lautsprecher
el altavoz

das Schlagzeug
la batería

die Gitarre
la guitarra

der Kontrabass
el contrabajo

die Trompete
la trompeta

das Klavier

el piano

die Violine

el violín

der Bass

bajo

die Pauke

los timbales

die Trommeln

el tambor

das Keyboard

el teclado

das Saxophon

el saxofón

die Flöte

la flauta

das Mikrofon

el micrófono

# der Zoo

# el zoo

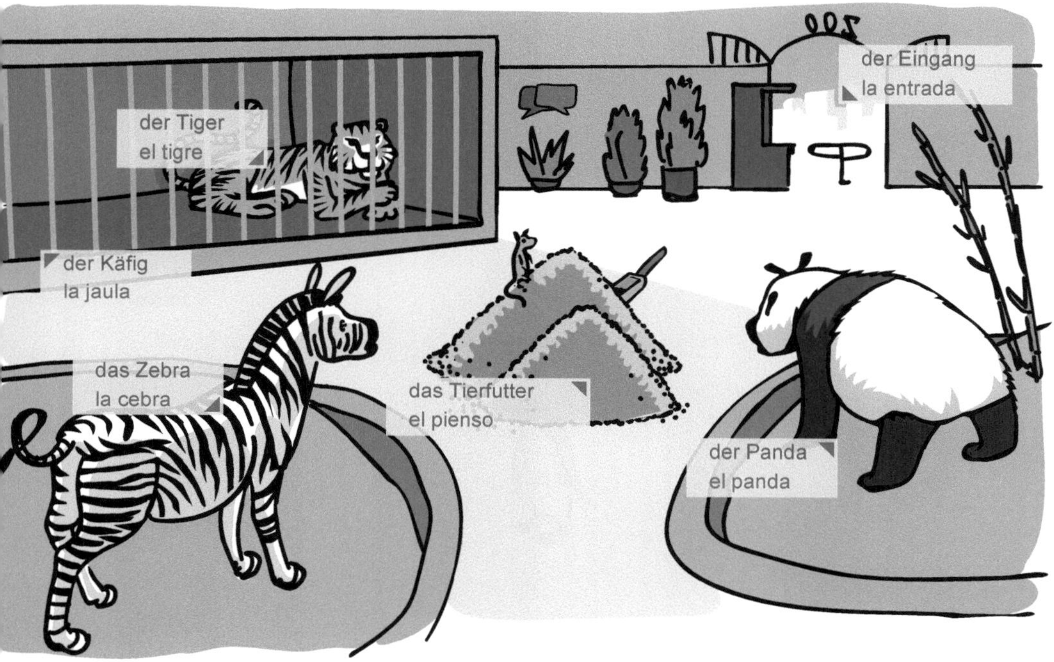

der Eingang
la entrada
der Tiger
el tigre
der Käfig
la jaula
das Zebra
la cebra
das Tierfutter
el pienso
der Panda
el panda


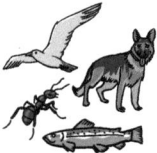

die Tiere

los animales

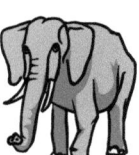

der Elefant

el elefante

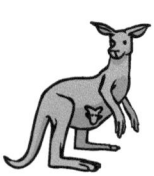

das Känguruh

el canguro

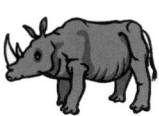

das Nashorn

el rinoceronte

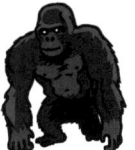

der Gorilla

el gorila

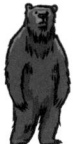

der Bär

el oso

das Kamel

el camello

der Strauß

el avestruz

der Löwe

el león

der Affe

el mono

der Flamingo

el flamingo

der Papagei

el loro

der Eisbär

el oso polar

der Pinguin

el pingüino

der Hai

el tiburón

der Pfau

el pavo real

die Schlange

la serpiente

das Krokodil

el cocodrilo

der Zoowärter

el guardián de zoológico

die Robbe

la foca

der Jaguar

el jaguar

der Zoo - el zoo

das Pony

el poni

der Leopard

el leopardo

das Nilpferd

el hipopótamo

die Giraffe

la jirafa

der Adler

el águila

das Wildschwein

el jabalí

der Fisch

el pescado

die Schildkröte

la tortuga

das Walross

la morsa

der Fuchs

el zorro

die Gazelle

la gacela

das American Football
el fútbol americano

das Radfahren
el ciclismo

das Tennis
el tenis

der Basketball
el baloncesto

das Schwimmen
la natación

das Boxen
el boxeo

das Eishockey
el hockey sobre hielo

der Fußball
el fútbol

das Badminton
el bádminton

die Leichtathletik
el atletismo

der Handball
el balonmano

das Skilaufen
el esquí

das Polo
el polo

# die Aktivitäten

# las actividades

springen
saltar
umarmen
abrazar
lachen
reír
gehen
caminar
singen
cantar
träumen
soñar
beten
rezar
küssen
besar


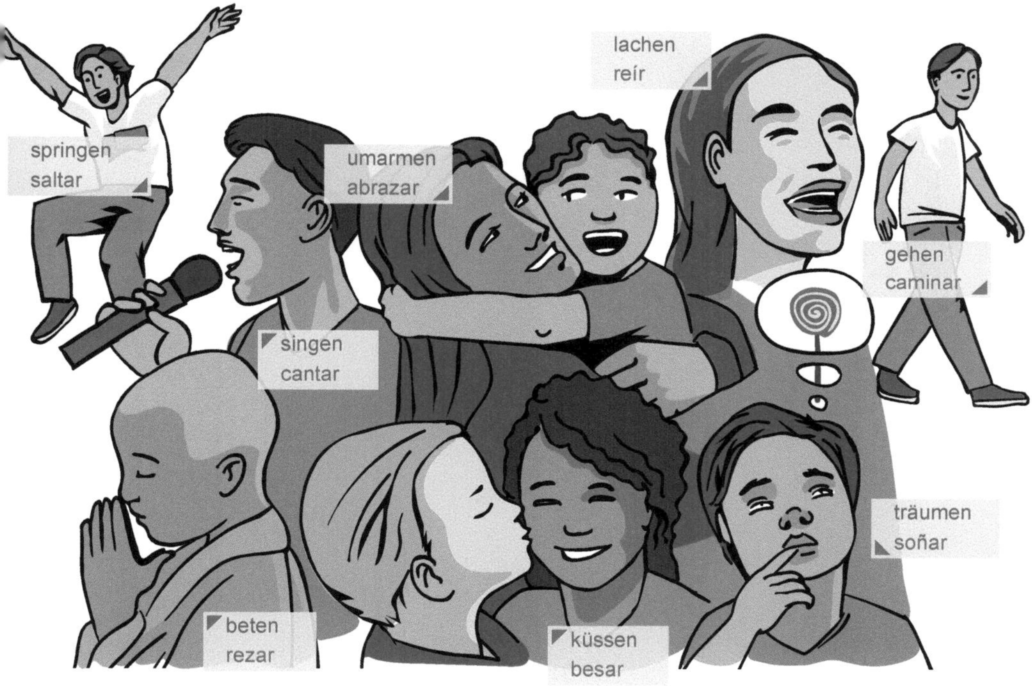

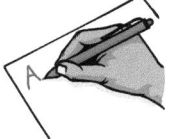

schreiben

escribir

zeichnen

dibujar

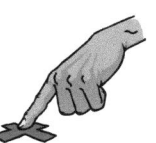

zeigen

mostrar

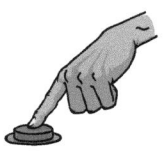

drücken

empujar

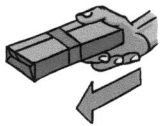

geben

dar

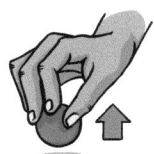

nehmen

tomar

haben
tener

tun
hacer

sein
ser

stehen
estar de pie

laufen
correr

ziehen
tirar

werfen
tirar

fallen
caer

liegen
yacer

warten
esperar

tragen
llevar

sitzen
estar sentado

anziehen
vestirse

schlafen
dormir

aufwachen
despertar

ansehen
mirar

weinen
llorar

streicheln
acariciar

kämmen
peinar

reden
hablar

verstehen
entender

fragen
preguntar

hören
escuchar

trinken
beber

essen
comer

aufräumen
ordenar

lieben
amar

kochen
cocinar

fahren
conducir

fliegen
volar

die Aktivitäten - las actividades

segeln

navegar

rechnen

calcular

lesen

leer

lernen

aprender

arbeiten

trabajar

heiraten

casarse

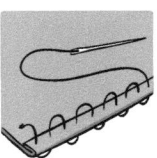

nähen

coser

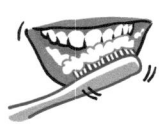

Zähne putzen

cepillarse los dientes

töten

matar

rauchen

fumar

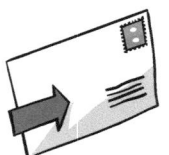

senden

enviar

# die Familie
# la familia

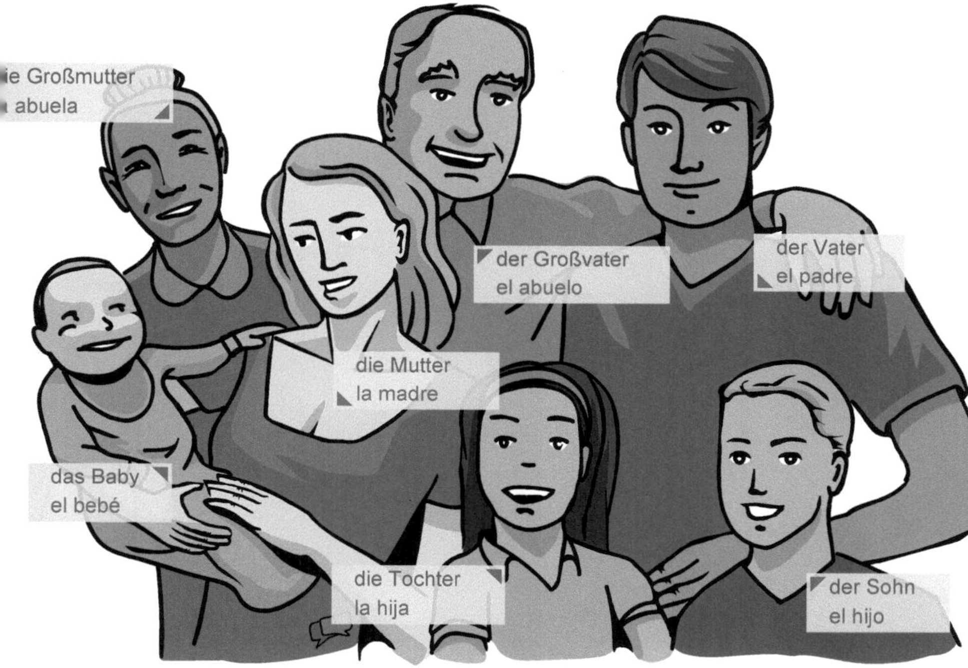

ie Großmutter
a abuela
der Großvater
el abuelo
der Vater
el padre
die Mutter
la madre
das Baby
el bebé
die Tochter
la hija
der Sohn
el hijo


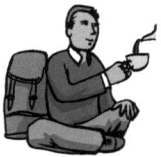

der Gast

el invitado

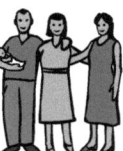

die Tante

la tía

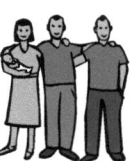

der Onkel

el tío

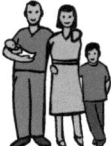

der Bruder

el hermano

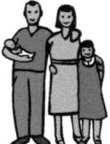

die Schwester

la hermana

# der Körper
## el cuerpo

die Stirn
la frente
das Auge
el ojo
das Gesicht
la cara
das Kinn
la barbilla
die Brust
el pecho
der Finger
el dedo
die Hand
la mano
der Arm
el brazo
die Schulter
el hombro
das Bein
la pierna


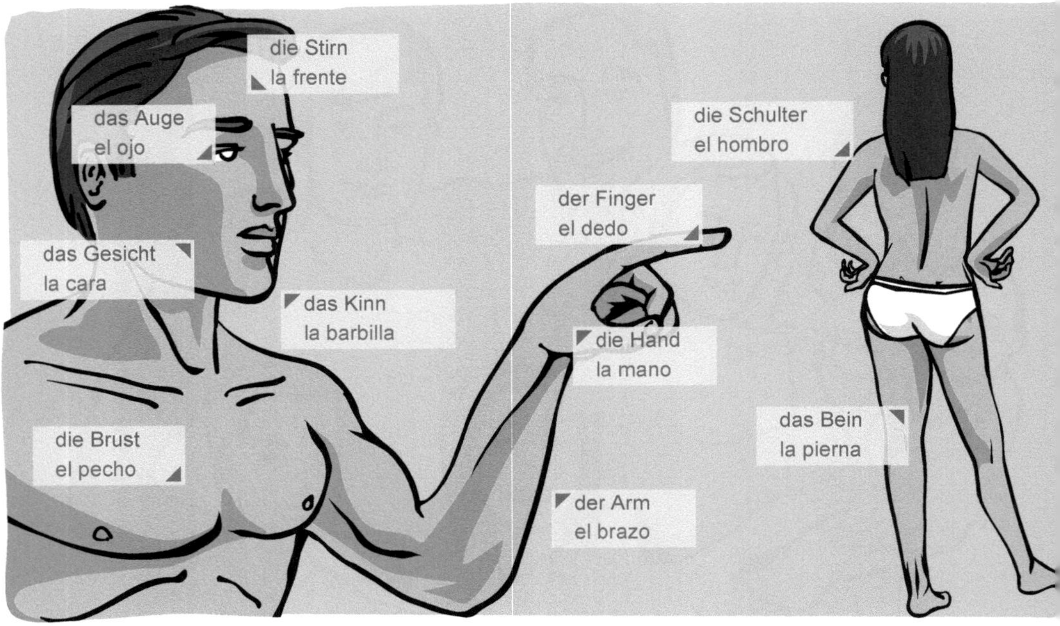

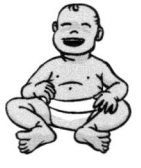

das Baby
el bebé

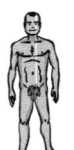

der Mann
el hombre

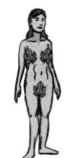

die Frau
la mujer

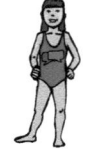

das Mädchen
la chica

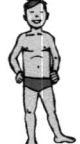

der Junge
el chico

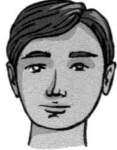

der Kopf
la cabeza

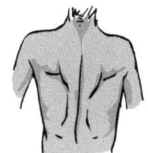

der Rücken

la espalda

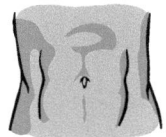

der Bauch

el vientre

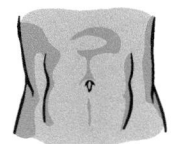

der Nabel

el ombligo

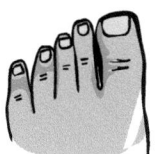

der Zeh

el dedo del pie

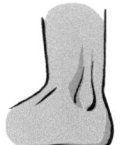

die Ferse

el talón

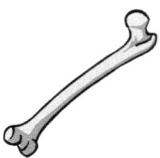

der Knochen

el hueso

die Hüfte

la cadera

das Knie

la rodilla

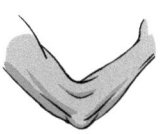

der Ellenbogen

el codo

die Nase

la nariz

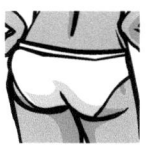

das Gesäß

el trasero

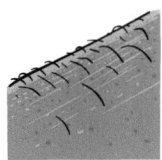

die Haut

la piel

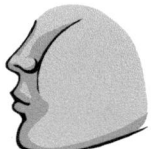

die Wange

la mejilla

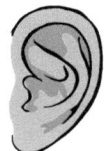

das Ohr

el oído

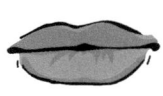

die Lippe

el labio

der Mund
la boca

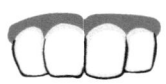

der Zahn
el diente

die Zunge
la lengua

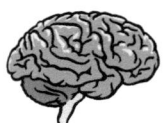

das Gehirn
el cerebro

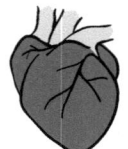

das Herz
el corazón

der Muskel
el músculo

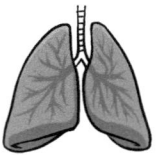

die Lunge
el pulmón

die Leber
el hígado

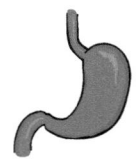

der Magen
el estómago

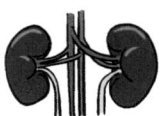

die Nieren
los riñones

der Geschlechtsverkehr
el sexo

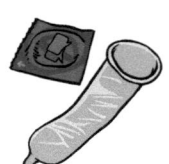

das Kondom
el condón

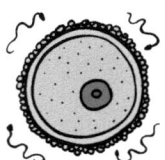

die Eizelle
el ovario

das Sperma
el semen

die Schwangerschaft
el embarazo

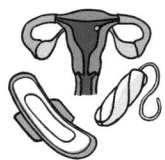

die Menstruation

la menstruación

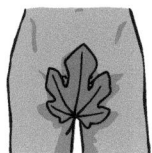

die Vagina

la vagina

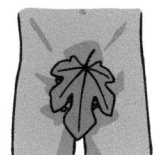

der Penis

el pene

die Augenbraue

la ceja

das Haar

el pelo

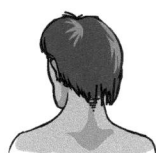

der Hals

el cuello

# das Krankenhaus
## el hospital

das Krankenhaus
el hospital

der Krankenwagen
la ambulancia

der Rollstuhl
la silla de ruedas

der Bruch
la fractura

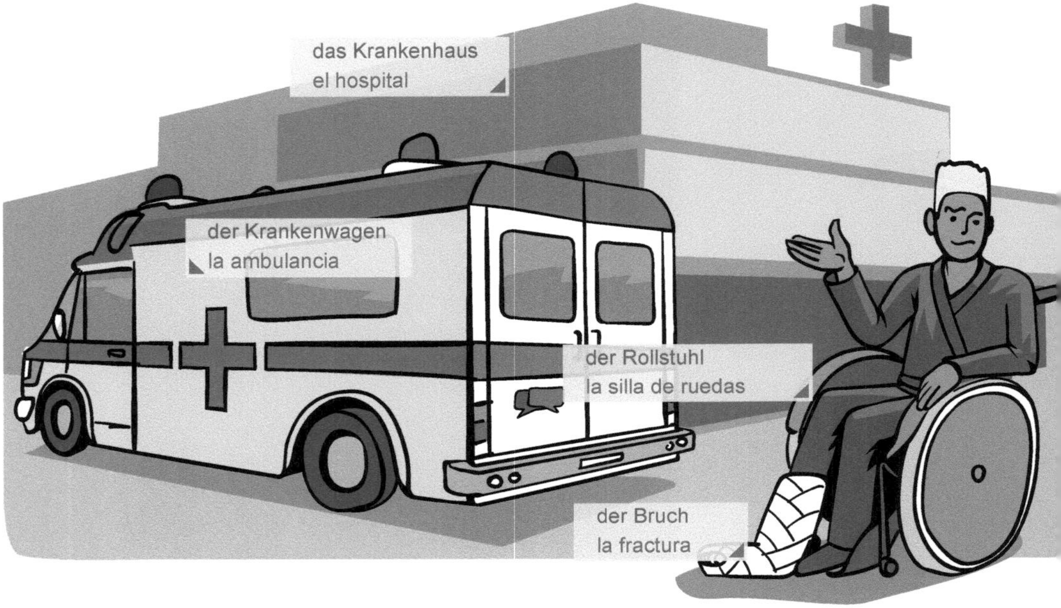

der Arzt

el médico

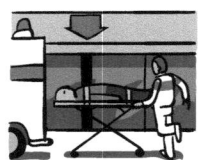

die Notaufnahme

la sala de urgencias

die Krankenschwester

la enfermera

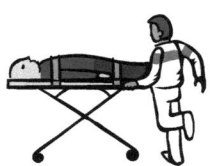

der Notfall

la urgencia

ohnmächtig

inconsciente

der Schmerz

el dolor

die Verletzung
la lesión

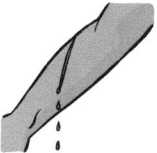

die Blutung
la hemorragia

der Herzinfarkt
el infarto

der Schlaganfall
el ictus

die Allergie
la alergia

der Husten
la tos

das Fieber
la fiebre

die Grippe
la gripe

der Durchfall
la diarrea

die Kopfschmerzen
el dolor de cabeza

der Krebs
el cáncer

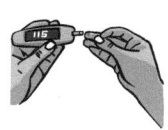

die Diabetis
la diabetes

der Chirurg
el cirujano

das Skalpell
el bisturí

die Operation
la operación

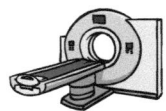

das CT

TAC

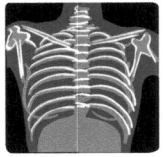

das Röntgen

los rayos x

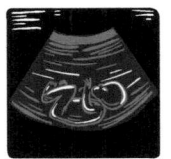

das Ultraschall

el ultrasonido

die Maske

la mascarilla

die Krankheit

la enfermedad

das Wartezimmer

la sala de espera

die Krücke

la muleta

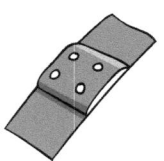

das Pflaster

la tirita

der Verband

la venda

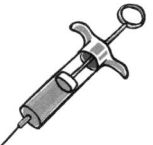

die Injektion

la inyección

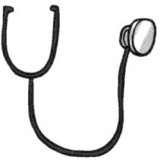

das Stethoskop

el estetoscopio

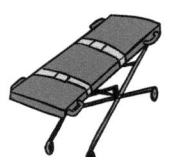

die Trage

la camilla

das Thermometer

el termómetro

die Geburt

el nacimiento

das Übergewicht

el sobrepeso

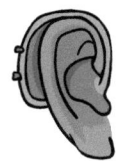

das Hörgerät

el audífono

das Desinfektionsmittel

el desinfectante

die Infektion

la infección

das Virus

el virus

das HIV / AIDS

VIH / SIDA

die Medizin

la medicina

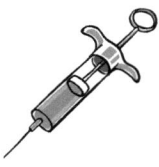

die Impfung

la vacunación

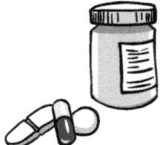

die Tabletten

las tabletas

die Pille

la pastilla

der Notruf

la llamada de urgencia

das Blutdruck-Messgerät

el tensiómetro

krank / gesund

enfermo / sano

Hilfe!

¡Socorro!

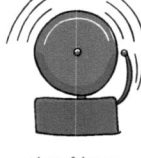

der Alarm

la alarma

der Überfall

el asalto

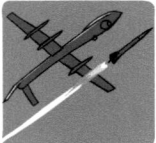

der Angriff

el ataque

die Gefahr

el peligro

der Notausgang

la salida de emergencia

Feuer!

¡Fuego!

der Feuerlöscher

el extintor de incendios

der Unfall

el accidente

der Erste-Hilfe-Koffer

el botiquín de primeros auxilios

SOS

SOS

die Polizei

la policía

das Europa

Europa

das Nordamerika

Norteamérica

das Südamerika

Sudamérica

das Afrika

África

das Asien

Asia

das Australien

Australia

der Atlantik

el atlántico

der Pazifik

el Pacífico

der Indische Ozean

el Océano Índico

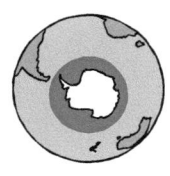

der Antarktische Ozean

el Océano Antártico

der Arktische Ozean

el Océano Ártico

der Nordpol

el polo norte

der Südpol
el polo sur

die Antarktis
La Antártida

die Erde
la tierra

das Land
la tierra

das Meer
el mar

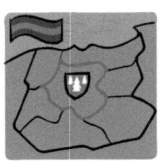

die Insel
la isla

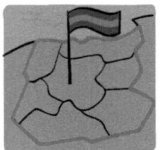

die Nation
la nación

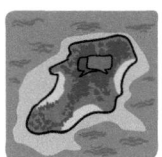

der Staat
el estado

das Zifferblatt

la esfera

der Stundenzeiger

la manecilla de las horas

der Minutenzeiger

el minutero

der Sekundenzeiger

el segundero

Wie spät ist es?

¿Qué hora es?

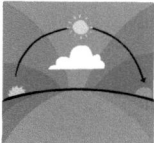

der Tag

el día

die Zeit

el tiempo

jetzt

ahora

die Digitaluhr

el reloj digital

die Minute

el minuto

die Stunde

la hora

# die Woche
## la semana

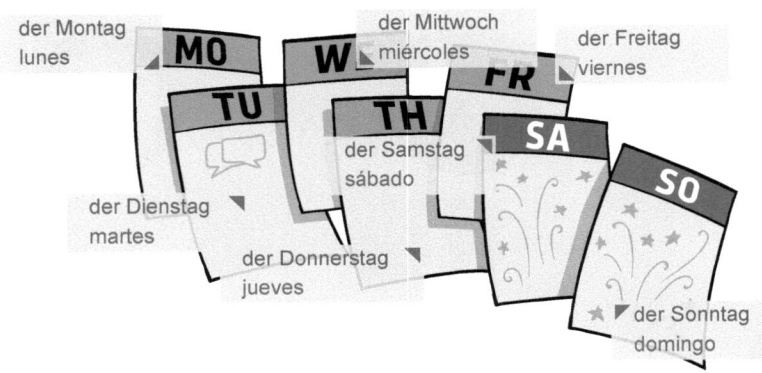

der Montag
lunes

der Mittwoch
miércoles

der Freitag
viernes

der Dienstag
martes

der Samstag
sábado

der Donnerstag
jueves

der Sonntag
domingo

gestern

ayer

heute

hoy

morgen

mañana

der Morgen

la mañana

der Mittag

el mediodía

der Abend

la tarde

die Arbeitstage

los días laborables

das Wochenende

el fin de semana

# das Jahr

# el año

der Regen
la lluvia
der Regenbogen
el arcoíris
der Schnee
la nieve
der Winc
el viento
der Frühling
la primavera
der Herbst
el otoño
der Sommer
el verano
der Winter
el invierno

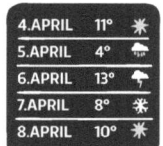

4.APRIL 11°
5.APRIL 4°
6.APRIL 13°
7.APRIL 8°
8.APRIL 10°

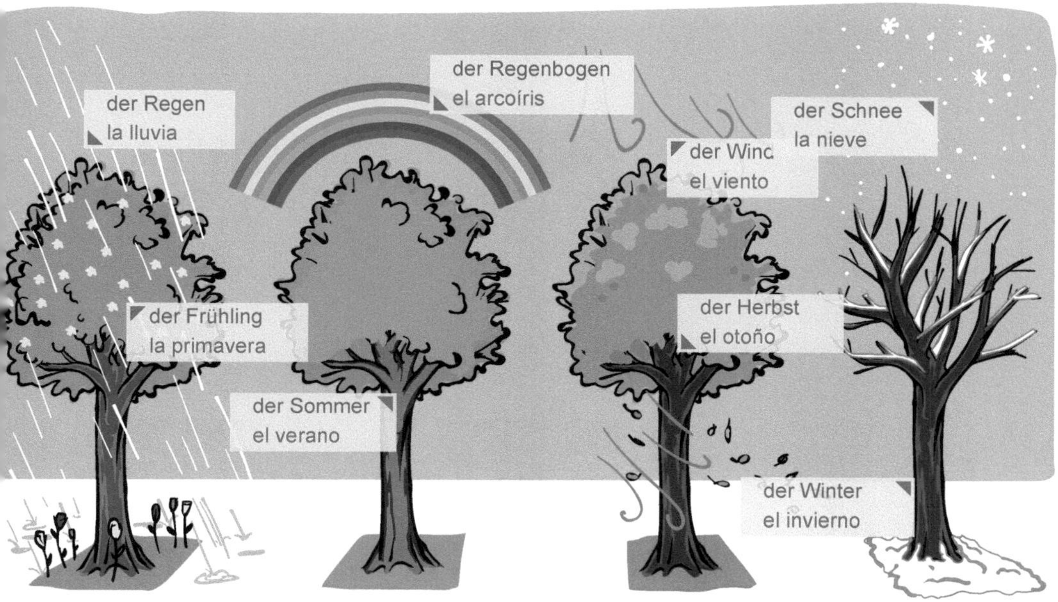

die Wettervorhersage

el pronóstico del tiempo

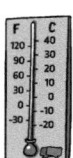

das Thermometer

el termómetro

der Sonnenschein

el sol

die Wolke

la nube

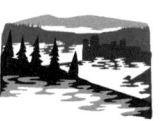

der Nebel

la niebla

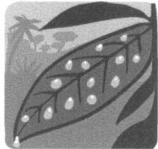

die Luftfeuchtigkeit

la humedad

der Blitz

el rayo

der Donner

el trueno

der Sturm

la tormenta

der Hagel

el granizo

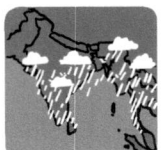

der Monsun

el monzón

die Flut

la inundación

das Eis

el hielo

der Januar

enero

der Februar

febrero

der März

marzo

der April

abril

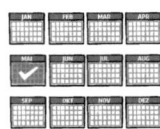

der Mai

mayo

der Juni

junio

der Juli

julio

der August

agosto

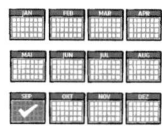

der September
................
septiembre

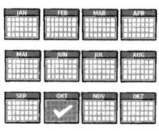

der Oktober
................
octubre

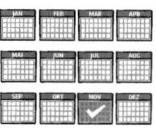

der November
................
noviembre

der Dezember
................
diciembre

der Kreis
................
el círculo

das Quadrat
................
el cuadrado

das Rechteck
................
el rectángulo

das Dreieck
................
el triángulo

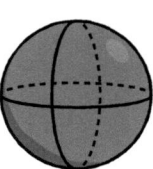

die Kugel
................
la esfera

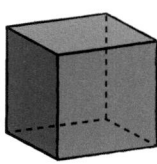

der Würfel
................
el cubo

# die Farben

## colores

weiß
.................
blanco

gelb
.................
amarillo

orange
.................
anaranjado

pink
.................
rosa

rot
.................
rojo

lila
.................
morado

blau
.................
azul

grün
.................
verde

braun
.................
marrón

grau
.................
gris

schwarz
.................
negro

viel / wenig

mucho / poco

wütend / friedlich

enojado / tranquilo

hübsch / hässlich

bonito / feo

der Anfang / das Ende

principio / fin

groß / klein

grande / pequeño

hell / dunkel

claro / oscuro

der Bruder / die Schwester

el hermano / la hermana

sauber / schmutzig

limpio / sucio

vollständig / unvollständig

completo / incompleto

der Tag / die Nacht

el día / la noche

tot / lebendig

muerto / vivo

breit / schmal

ancho / estrecho

genießbar / ungenießbar

comestible / no comestible

böse / freundlich

malo / amable

aufgeregt / gelangweilt

entusiasmado / aburrido

dick / dünn

gordo / delgado

zuerst / zuletzt

primero / último

der Freund / der Feind

el amigo / el enemigo

voll / leer

lleno / vacío

hart / weich

duro / blando

schwer / leicht

pesado / ligero

der Hunger / der Durst

el hambre / la sed

krank / gesund

enfermo / sano

illegal / legal

ilegal / legal

intelligent / dumm

inteligente / tonto

links / rechts

izquierda / derecha

nah / fern

cerca / lejos

neu / gebraucht

nuevo / usado

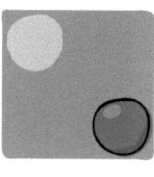

nichts / etwas

nada / algo

alt / jung

viejo / joven

an / aus

encendido / apagado

offen / geschlossen

abierto / cerrado

leise / laut

silencioso / ruidoso

reich / arm

rico / pobre

richtig / falsch

correcto / incorrecto

rau / glatt

áspero / suave

traurig / glücklich

triste / contento

kurz / lang

corto / largo

langsam / schnell

lento / rápido

nass / trocken

húmedo / seco

warm / kühl

cálido / frío

der Krieg / der Frieden

guerra / paz

**0**

null

cero

**1**

eins

uno

**2**

zwei

dos

**3**

drei

tres

**4**

vier

cuatro

**5**

fünf

cinco

**6**

sechs

seis

**7**

sieben

siete

**8**

acht

ocho

**9**

neun

nueve

**10**

zehn

diez

**11**

elf

once

**12**

zwölf

doce

**13**

dreizehn

trece

**14**

vierzehn

catorce

**15**

fünfzehn

quince

**16**

sechzehn

dieciséis

**17**

siebzehn

diecisiete

**18**

achtzehn

dieciocho

**19**

neunzehn

diecinueve

**20**

zwanzig

veinte

**100**

hundert

cien

**1.000**

tausend

mil

**1.000.000**

million

el millón

## los idiomas

Englisch
.................
el inglés

Amerikanisches Englisch
.................
el inglés americano

Chinesisch Mandarin
.................
el chino madarín

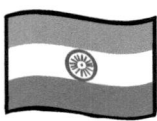

Hindi
.................
el hindi

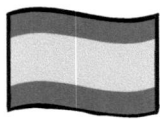

Spanisch
.................
el español

Französisch
.................
el francés

Arabisch
.................
el árabe

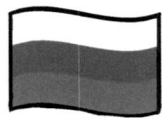

Russisch
.................
el ruso

Portugiesisch
.................
el portugués

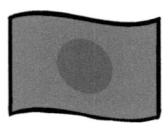

Bengalisch
.................
el bengalí

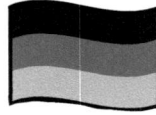

Deutsch
.................
el alemán

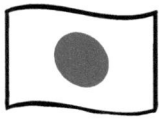

Japanisch
.................
el japonés

ich
yo

du
tú

er / sie / es
él / ella / ello

wir
nosotros/as

ihr
vosotros/as

sie
ellos/as

wer?
¿quién?

was?
¿qué?

wie?
¿cómo?

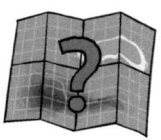

wo?
¿dónde?

wann?
¿cuándo?

Name
el nombre

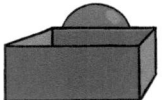

hinter

detrás

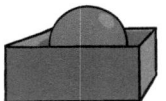

in

en

vor

delante de

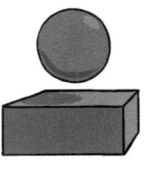

über

por encima de

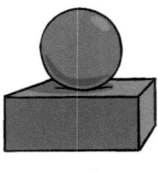

auf

sobre

unter

debajo de

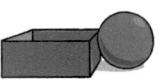

neben

junto a

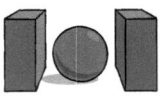

zwischen

entre

der Ort

el lugar